MIRACLE COMME À L'AVENTURE

Valentin Katshiz

Publié par ALCH Management LLC, Ohio, USA

Email : alchmanagement@gmail.com

Les références bibliques sont tirées de la version Louis Segond sauf indication.

Photo couverture : Sergei Pin

Première Édition : Septembre 2024

ISBN 13 : 9782900085196

Imprimé aux États-Unis d'Amérique

TABLE DES MATIÈRES

PREAMBLE

« J'ai encore vu sous le soleil que la course n'est point aux agiles ni la guerre aux vaillants, ni le pain aux sages, ni la richesse aux intelligents, ni la faveur aux savants; car tout dépend pour eux du temps et des circonstances. » Ecclésiaste 9:11

Comme l'auteur de l'Ecclésiaste, Dieu m'a permis durant mon existence sur la terre, de vivre et d'accomplir des nombreuses choses. J'ai été témoin oculaire des tas d'événements dont certains m'ont laissé dans l'incompréhension la plus totale en dépit de ma connaissance de Dieu et de sa parole, des études que j'ai faites, l'expérience professionnelle et celle de la vie en général.

Certaines choses m'ont enseigné que la vie peut être imprévisible et que qu'importe le nom que nous portons, la famille dont nous sommes issus, rien n'est gagné d'avance pour personne. Tout humain a la possibilité d'atteindre des sommets inimaginables au point d'étonner ceux qui l'avaient connu à ses débuts. Comme l'ecclésiaste, par ce livre je voudrais rappeler à quiconque qui le lira que la vie est un mystère et que le fait d'avoir des talents et des avantages innés ne nous positionnent pas forcément à la gloire et le contraire l'est aussi. Le fait d'être issu d'un milieu de défaveur ne condamne pas à une fin de difficultés.

Au-delà des avantages des uns et du manque des autres, il existe la faveur de Dieu qui peut offrir à n'importe qui la possibilité de vivre un miracle. Mais cela n'est possible que si celui sur qui la grâce de Dieu et les opportunités se manifestent est conscient, et sais suivre le mouvement de l'instruction divine afin que son action de courage et d'audace posé au bon moment produise le miracle. Ce dépassement des limites que produit la foi audacieuse est pour certains considérés comme un miracle par accident ou par aventure.

Oui, certains échouent ou de dépassent pas certaines limites seulement parce qu'ils n'ont pas le courage de se révolter en eux-mêmes et tenter de casser les barrières qui les entourent et aller en eaux profondes. Dans ce livre, je viens partager un message de foi et d'encouragement afin de susciter la foi des gens, amener une révolte intérieure afin de réveiller le guerrier courageux qui sommeille en eux pour qu'ils posent des actions sans précédent qui les changent le cours de leur vie, de leur communauté et par conséquent de l'histoire.

Par ce livre, je souhaite aussi donner de l'espoir à ceux qui en manquent et briser le complexe d'infériorité des autres en leur montrant la réalité de la vie des hommes telle créée par Dieu mais que ceux qui ont accompli des grandes choses ne montrent pas forcément. Enfin, ce texte s'adresse aux audacieux qui vivent le rejet à cause de la grandeur de leur vision qui semblent inatteignable pour les encourager à demeurer ferme dans leur foi audacieuse.

À toutes et à tous, je souhaite que ce livre devienne un instrument de résurrection des destinées.

Apôtre Valentin Kanyinda Katshiz

Chapitre 1.

LE MIRACLE DE LA CREATION ET DE LA VIE

Le miracle est un évènement surprenant, naturellement inexplicable, qui ne respecte pas les règles scientifiques et la norme habituelle. C'est le résultat hautement satisfaisant mais surtout inattendue qui ne concorde pas avec les données en présence ou les estimations projetées. Un miracle est tout ce qui dépasse l'entendement humain. Elle s'applique aussi à un résultat hautement supérieur à ce qui était attendu.

Ainsi, au mot miracle on relie souvent les termes prodiges, signes, mystères, phénomène surnaturelle comme synonyme ou équivalent comme pour dire des faits que l'intelligence de l'homme ne peut nullement expliquer mais cherche pourtant à comprendre. Retenons néanmoins que le terme miracle a souvent été employé pour un événement inhabituel certes mais heureux ou en faveur d'une personne.

Et Dieu créa

« Au commencement, Dieu créa les cieux et la terre. La terre était informe et vide : il y avait des ténèbres à la surface de l'abîme, et l'esprit de Dieu se mouvait au-dessus des eaux. » Genèse 1 : 1

Le récit de la création du monde est quelque chose d'exceptionnel. Même si personne n'était présent lorsque Dieu s'était lancé dans son œuvre de création, il est clair qu'en réfléchissant après bien sûr observation, on se rend compte que toute la création est un grand miracle. C'est le fruit d'une intelligence structurée, mesurée, prouvée, indéfectible, hautement en arborescence, pleinement équilibrée, débordante, illimité et sans faille.

En voyant la précision, l'exactitude et mesurant la justesse de la perfection de la vie sur terre avec ses cycles de saisons, en évaluant la répartition équilibrée entre les océans et la terre ferme, la diversité des animaux qui peuple chaque région en conformité avec leurs espèces et adaptation climatique, et en scrutant la cohérence, l'harmonie qu'il y a entre toutes les créatures de Dieu qu'il soit vivant, grand, minuscule, visible à l'œil nu ou pas, l'on se dit : c'est magnifiquement incroyable.

Même si le débat entre les créationnistes (ceux qui croient que la vie sur terre a été créé par Dieu), et les évolutionnistes (ceux qui prétendent que Dieu n'a rien créé que la vie sur terre est le fruit d'une évolution des choses déclenchées par pure hasard ou big bang), ne trouvera certainement pas de solution, ce qui est sûr est que la création tout entière demeure un mystère, donc un miracle.

Alors que l'homme vit sur la terre depuis des milliers d'années, il ne se passe pas des jours sans qu'une découverte vienne surprendre son génie. Même en plein 21ème les chercheurs les plus intelligents du monde continuent chacun leur domaine, à chercher à cerner, comprendre et tente scientifiquement de percer les secrets de la vie sur terre. Nous demeurons continuellement face aux merveilles de la création tel des visiteurs étrangers sur la terre dans laquelle nous vivons car elle continue à nous garder certains de ses secrets et mystères. Cela est une preuve que la vie sur terre demeure le fruit de la volonté de Dieu et non d'un quelconque bing bang qui du reste n'est qu'une théorie ou une hypothèse sans une solide certitude.

Des missions spatiales sont régulièrement envoyées pour tenter d'en savoir un peu plus. Et les découvertes que font ces spécialistes ne cessent de nous surprendre. C'est comme si Dieu qui est omniscient, nous a révélé qu'une petite portion de la vérité de ce qu'est la vie en réalité. Albert Einstein a réussi avec l'aide divine, car Il a sans cesse affirmé qu'il croyait en Dieu, de nous révéler une infime partie de la théorie mathématique de Dieu utilisée pour justifier la stabilité de l'espace.

La totalité de la science créative de Dieu demeure scellée comme la prophétie de Daniel, les secrets de la vie afin qu'Il nous le révèle progressivement jusqu'au jour de son avènement. C'est ce qui justifie le fait que dans le dernier jour, la connaissance des hommes augmentera.

Né d'une femme

Certes de Cain à Abel, en passant par Seth

pour finir par les derniers enfants naissant sur la terre chaque minute qui passe, le modèle de reproduction de la vie humaine et animale reste jusqu'à ce jour un des plus grands miracles jamais entièrement cernés. Même si l'évolution de la science médicale nous aide un tant soit peu à comprendre la complexité de la vie. Qui que l'on soit, quel que soit le nom de ses ancêtres et qu'importe son destin, tout être humain doit naitre d'une femme après fécondation par l'homme, à l'exception de Jésus de Nazareth dont la conception fut une œuvre divine.

La manière dont la vie se forme ou conçoit dans le ventre d'une femme après l'union d'un spermatozoïde et d'un ovaire venant d'un ovule, pour aboutir à la naissance d'un enfant après 9 mois est une œuvre de génie. Nous restons persuadés que personne sur cette terre ne peut dire avec exactitude ce qui se passe lors de ce cheminement de l'être humain, possédant une âme et un esprit enveloppé dans la chair qui est le corps humain.

Ce mystère est un miracle. Même si la symbiose de différentes connaissances scientifiques facilite, par exemple, la fécondation in vitro ou l'insémination artificielle et de la création des couveuses qui permettent aux enfants-nés avant la période de délivrance de demeurer au chaud afin de continuer leur développement avant de commencer à vivre à l'air naturel, cela n'élucide pas le caractère mystérieux de la formation de la vie.

Chaque jour qui passe, les scientifiques font des découvertes inattendues sur l'homme, le fonctionnement de son corps, la vie et les éléments qui les entourent. Chaque année, nous revoyons certaines habitudes quotidiennes. L'hérédité est un autre élément créé par Dieu qui ne cesse de m'éblouir, c'est-à-dire la façon dont un homme lègue une partie de sa nature et caractéristiques physiques à sa progéniture est très troublant.

Un enfant peut être séparé de ses parents avant la naissance et aller vivre loin d'eux mais leur nature en lui demeurera et se manifestera au fur et à mesure. Il arrive souvent qu'une personne qui a connu un de de vos parents, s'exclame en vous rencontrant en reconnaissant votre père ou mère en vous regardant alors que c'est sans doute la première fois qu'il vous rencontre. Non seulement les traits physiques mais aussi beaucoup d'autres choses mêmes anodines mais exprimant l'appartenance de cette personne à un lignage. Tout ça est le miracle de Dieu.

Tout le parcours de l'homme sur la terre demeure un mystère chronométré qui se déploie graduellement, sous l'apparence naturelle, suivant les étapes jusqu'à sa mort. Le sens de la naissance d'une vie humaine est inhérent ou commun à tous, et par ricochet, la cessation de cette vie, demeure un dénominateur commun à tous.

Le mystère de la mort

La mort est un autre grand mystère pour nous les vivants, car personne ne peut dire avec exactitude ce qui se passe quand une personne rend son âme au Seigneur. Nombreux pensent qu'à la mort, l'homme souffre, et que par conséquent la mort est quelque chose d'effroyable. Il est vrai que certaines personnes vont dans l'au-delà de façon brutale ou par des circonstances douloureuses mais il est néanmoins difficile de décrire ce qu'une personne expérimente face à la mort, même une mort pénible. Si la mort de Jésus sur la croix est un exemple d'une mort agonisante face à la douleur, le cas d'Etienne nous relate une tout autre réalité.

« Etienne, rempli du Saint-Esprit, et fixant les regards vers le ciel, vit la gloire de Dieu et Jésus debout à la droite de Dieu. ...Et ils lapidaient Etienne, qui priait et disait : Seigneur Jésus, reçois mon esprit ! Puis, s'étant mis à genoux, il s'écria d'une voix forte : Seigneur, ne leur impute pas ce péché ! Et, après ces paroles, il s'endormit. » Actes 7 : 55-59

La mort d'Etienne nous relate une façade du passage de la terre à l'au-delà que nous ignorions. La peur peut toucher l'âme car la chair qui constitue notre corps est souffrant mais la gloire de Dieu ou la vue du bonheur qui attend l'homme après sa traversée peut amener ce dernier à laisser la terre avec espérance d'une glorieuse et plus excellente vie (Colossiens 1 : 27).

Le nombre des jours sur la terre est l'un des rares choses que l'homme ne peut connaitre ni allonger. Qu'importe sa fortune, et les deux options de l'immortalité ne sont que la vie éternelle dans la nouvelle Jérusalem et l'enfer où le diable, ses démons ainsi que ceux qui auront refusé le salut en Christ Jésus seront. La mort demeure un mystère dont Dieu seul en détient le secret et la personne qui meurt sait la vérité de ce qui lui arrive.

Certains riches meurent tôt, d'autres pauvres, malgré, leur misère, vivent longtemps. Le jeune fort et vigoureux voit ses jours abrégés mais le vieillard malade et fatigué qui a déjà savouré des bons jours et des longues années semble s'accrocher à la vie et résister aux vicissitudes et autres aléas de la vie. Il y a aussi l'homme méchant aux voies tortueuses vivre longtemps alors que le juste craignant Dieu peut succomber très vite.

Il y a aussi ceux qui meurent et reviennent à la vie après un coma ou un accident. Certains reviennent même après un séjour ou il leur avait été permis de voir ce qui leur adviendrait s'il meure dans cet état ou ce qui arrivera dans le futur. Vrai ou faux, nombreux témoignent de leur expérience qui dans certains cas changent leur perception de la vie et du monde.

« L'homme n'est pas maître de son souffle pour pouvoir le retenir, et il n'a aucune puissance sur le jour de la mort ; il n'y a point de délivrance dans ce combat, et la méchanceté ne saurait sauver les méchants. » Ecclésiaste 8 : 7-8

La mort comme la naissance par une femme demeure un des plus grands dénominateurs communs parmi les hommes, face à laquelle tous sont égaux. C'est une porte a non-retour qui détient des secrets immenses. L'autorité de Dieu qui est exercée sur la vie et sur la mort devrait amener tout homme à l'humilité même lorsqu'il aurait atteint la cime de la gloire, les sommets des montagnes de dignité. Dieu est celui qui fait grâce à qui il veut, il peut rassasier des jours celui qu'il veut.

Chapitre 2.

MIEUX QU'UN AVORTON

« Quand un homme aurait cent fils, vivrait un grand nombre d'années, et que les jours de ses années se multiplieraient, si son âme ne s'est point rassasiée de bonheur, et si de plus il n'a point de sépulture, je dis qu'un avorton est plus heureux que lui. Car il est venu en vain, il s'en va dans les ténèbres, et son nom reste couvert de ténèbres… »
Ecclésiaste 6 : 3-4

La mort, comme nous l'avons dit dans le chapitre précédant, peut se présenter à la porte de la vie de l'homme à n'importe quel moment car l'homme n'est nullement le garant de son existence. Ainsi, la mort peut emporter un nouveau-né voire un fœtus, avant même qu'il ait commis un moindre mal. Au-delà de l'ardent désir de son géniteur de le voir vivre. Une personne peut ou ne pas connaitre la réalité de la vie sur terre puisqu'elle aurait quitté le monde de vivant avant même d'y entrer ou juste après son entrée. Tel est le sort de certains avortons, ou des mort-nés.

Né pour un but

L'existence d'un homme est liée à un but très précis que son créateur lui assigne avant même sa parution physique. Personne n'est donc inutile sur terre, même s'il présente des imperfections ou ne réalise pas son but ou sa mission sur cette terre. Dieu l'a voulu ainsi et rien ni personne ne peut s'y déroger. Si toute chose qui existe, l'est pour jouer un rôle spécifique pour l'équilibre de l'humanité, à combien plus forte raison l'homme qui serait l'image et la ressemblance du Dieu Très-Haut.

Cette mission de l'homme se démontre souvent par le bien qu'il produit pour sa propre existence et également pour les autres. Dieu ayant déjà tout accompli en créant les choses dans sa perfection, il revient donc à chaque personne de participer, à la mesure du possible, à l'assujettissement de la terre et à l'amélioration de la vie pour une large jouissance et pour la gloire de Dieu.

« Croissez, et multipliez, et remplissez la

terre; et l'assujettissez, et dominez sur les poissons de la mer, et sur les oiseaux... » Genèse 1 : 28

« Il en sera comme d'un homme qui, partant pour un voyage, appela ses serviteurs, et leur remit ses biens. Il donna cinq talents à l'un, deux à l'autre, et un au troisième, à chacun selon sa capacité... » Matthieu 25 : 14-15

Les parents par qui l'homme vient sur terre, tiennent de Dieu la responsabilité de former et de guider le fruit de leurs entrailles pour que celui-ci soit un sujet de joie partout où il sera. Leur but sur la terre n'est pas seulement de vivre leurs vies mais aussi et surtout d'influencer naturellement ou de façon indirecte, leur enfant à être l'expression de la gloire de Dieu dans sa génération.

Le travail des parents avant que l'enfant ne soit capable de discerner les choses est de lui imposer, inculquer un style de vie qui, plus tard, deviendra à fortiori sa vraie nature. Ils feront des choix à sa place pour son bien et l'accompagneront même à l'âge adulte pour qu'il/elle se démarque par un savoir-faire et vivre qui lui sera en retour rentable et bénéfique.

Il est important que chacun se batte pour donner un sens à sa vie, qu'il se bouge pour que sa vie devienne un bel exemple dans la société. Il est essentiel de s'activer et s'employer à faire du bien et qu'en allant se coucher chaque soir, qu'il ait la joie et la satisfaction de ses propres activités journalières. Il faut que chacun de nous trouve en lui-même des raisons pour être une solution aux problèmes de ce monde plutôt qu'en être un problème, même si les choses ne sont pas comme nous aurions souhaité qu'elles soient.

L'amour et l'estime de soi ainsi que la volonté de réussir doivent rester constantes en dépit des temps et des circonstances qui peuvent être vacillants, se penchant ou s'affichant soit tantôt en notre faveur, soit tantôt contre nous. Nous devons être capable de tirer profit de chaque situation, bonne comme mauvaise, afin d'avancer même à pas de tortue comme le Dr. Martin Luther King Jr. l'avait bien résumé en affirmant :

« Si tu ne peux pas courir, alors marche. Si tu ne peux pas marcher, alors rampe, mais quoi que tu fasses, tu dois continuer à avancer. »

Portez du fruit

« Si vous demeurez en moi, et que mes paroles demeurent en vous, demandez ce que vous voudrez, et cela vous sera accordé. Si vous portez beaucoup de fruit, c'est ainsi que mon Père sera glorifié, et que vous serez mes disciples. » Jean 15 : 7-8

Chacun de nous, riche ou pauvre, favorisé ou défavorisé doit être en alerte pour que son passage sur la terre ne soit pas inutile. Il doit agir tout en demeurant attentif au mouvement de Dieu qui, des fois peut nous conduire vers son but en empruntant une direction autre que ce que nous avons prévu. La compréhension de l'appel de Dieu est déterminant dans le but que nous nous assignons pour atteindre dans la vie. Cela nous conduit à l'évaluation des résultats.

Dieu comme un vrai Père aime que nous puissions porter du fruit tel que n'importe quel père biologique ou terrestre qui souhaite que ses enfants réussissent dans la vie et société. Dieu est contre la paresse et l'oisiveté. Il attend de nous des résultats positifs en guise de son investissement en nous, qui est son souffle de vie.

Le vœu de Dieu est de nous voir porter du fruit et du fruit en abondance. La production est tributaire du travail. Le travail contient en lui la bénédiction. Le travail n'a jamais été une malédiction. Retrousser les manches pour travailler est la voie par laquelle Dieu s'emploie pour nous visiter. Sans mouvement, sans action positive et lucrative constante et permanente, toutes nos prières resteront vaines et sans résultat.

« A tes résolutions répondra le succès ; sur tes sentiers brillera la lumière. » Job 22 : 28

« Tout ce que ta main trouve à faire avec ta force, fais-le ; car il n'y a ni œuvre, ni pensée, ni science, ni sagesse, dans le séjour des morts, où tu vas. » Ecclésiaste 9 : 10

L'action, le travail et les exploits ont été créés pour les vivants et non les morts. C'est sur la terre que Dieu veut nous voir brillé pour sa gloire. Et il veut que nous lui soyons reconnaissant pour sa grâce qui a été sur nous. Mais ceci ne doit nullement être une raison pour enfreindre les règles et les préceptes divins. Pour Dieu les résultats seuls ne suffisent pas, encore faut-il qu'il soient produits par des voies qui l'honorent.

Sans vouloir encourager la paresse et l'oisiveté au nom d'une certaine religion, il vaut mieux avoir peu de résultat dans la droiture que d'énormes résultats avec compromission, même si la gloire ce monde n'a jamais été dépendant forcément de la crainte de Dieu. Mais ceux qui privilégient la crainte de Dieu finissent toujours par être récompensé par le Seigneur Jésus-Christ qui se souvienne toujours de leurs œuvres d'une manière ou d'une autre. La gloire sera pour les bien-aimés de Dieu comme un bonus qui leur sera accordé comme n'importe quel client d'un restaurant, satisfait d'un service, donne un pourboire ou une gratification à celui qui l'avait servi.

Tout en courant pour des résultats probants, nous devons aussi privilégier notre bien-être intérieur car *« Mieux vaut un morceau de pain sec, avec la paix, qu'une maison pleine de viandes, avec des querelles.* » Proverbes 17 : *1*

Il est possible de réussir dans l'honnêteté et le sérieux. Il est faux de penser que la corruption qu'il y a dans le monde rend tout succès sain impossible. La peur de se souiller avec le monde ne doit pas briser en nous la rage de vaincre. Il nous faut oser, agir, tenter, répéter le même mouvement encore et encore jusqu'à ce que nous parvenions à notre but.

Pire qu'un avorton

La fin de notre vie d'enfant de Dieu nous permettra d'aller à la rencontre de notre Roi par la mort ou par l'enlèvement de l'Église. Avant d'entrer dans le Noce de l'Agneau, nous vivrons au ciel ce que la Bible appelle « *Le Tribunal de Christ* » décrit dans 2 Corinthiens 5 : 10 : *« Car il nous faut tous comparaître devant le tribunal de Christ, afin que chacun reçoive selon le bien ou le mal qu'il aura fait, étant dans son corps. »*

Le Tribunal de Christ n'aura pas pour but d'envoyer les gens en enfer car ils seront déjà devant la présence glorieuse du Seigneur

Jésus-Christ.

Il aura pour but de juger les œuvres de tous les saints de Dieu accomplies lorsqu'ils étaient sur la terre. C'est en ce moment précis que Jésus-Christ, le Seigneur glorieux lui-même, nous demandera des comptes dans le but de récompenser chacun à la hauteur des œuvres accomplies sur la terre. Nous serons sans doute surpris de ce qui se passera là-haut devant Jésus, cet homme que nous avons tant aimé et servis avec amour et foi.

Face à la faiblesse de leurs résultats, nombreux évoqueront des excuses pour justifier les échecs de leur vie terrestre. Une évaluation finale qui ne sera pas établi, nous insistons, sur des indicateurs de comparaison avec les autres, mais en fonction du plan défini de Dieu pour chacun de nous. Plusieurs évoqueront des raisons matérielles et conjoncturelles, d'autres des raisons spirituelles et psychologiques. Mais comme celui qui avait reçu un talent dans la parabole des talents dans Mathieu 25, le Seigneur ne sera nullement content.

Ainsi, certains d'entre nous quoique sauvés

seront considérés comme des ratés de l'histoire pour avoir manqués à leurs missions sur terre. Ils auront sans doute vécu, accomplis des choses et même réussis devant les hommes mais auront passés à côté des priorités de Yaweh pour eux-mêmes, leur famille, l'église de Dieu et l'humanité tout entière.

Les avortons, les mort-nés et les fœtus décédés seront exonérés parce que Dieu lui-même ne leur avait pas donné des longs jours pour faire leurs preuves avant de les ramener vers lui.

Au départ, nous étions tous « Mieux que des avortons » mais finalement nombreux seront « Pire que des avortons » puis qu'ils n'auront rien produit de louable, en dépit de tout ce que Dieu leur avait accordé lors de leurs passages sur la terre des vivants.

Comment expliquer que celui qui n'a pas connu des jours sur la terre soit meilleur que celui à qui Dieu a accordé des longs jours ? Ainsi, chaque jour que Dieu nous accorde à voir le soleil se lever le matin et se coucher le soir, nous rend comptable face à lui. Nous devons quitter nos lits en nous posons la question quelle œuvre dois-je accomplir pour rendre à Dieu fier de m'avoir accordé la vie ?

Cette question que nous devons nous poser régulièrement nous permettra de garder un moral positif et nous surpasser afin de vivre une vie digne quelle que soit notre condition. Ne rien produire de positif dans la vie est comme un affront envers celui qui nous a accordés la vie et *« fait lever son soleil sur les méchants et sur les bons, et il fait pleuvoir sur les justes et sur les injustes. » Matthieu 5 : 45*

Plusieurs personnes sont issues des familles pauvres, ont grandi dans le manque presque total mais ont fini par sortir la tête sous l'eau et produire des résultats honorables dans leur vie. Ils y sont arrivés car la rage de ne pas finir comme leurs vies avaient commencé était plus grand que leurs propres difficultés.

La vie renouvelée chaque jour par Dieu est en elle-même est un message divin qui nous dit, *« tu peux faire mieux, mieux qu'un avorton. »*

« Pour tous ceux qui vivent il y a de l'espérance; et même un chien vivant vaut mieux qu'un lion mort. ...les morts ne savent

rien, et il n'y a pour eux plus de salaire, puisque leur mémoire est oubliée. » Ecclésiaste 9 : 4-5

Chapitre 3.

LA BONNE OU FAUSSE AVENTURE

Pour le commun des mortel, le terme aventure est assimilé au fait d'arriver à un résultat part des moyens malhonnêtes ou frauduleux alors qu'en réalité le terme aventure fait allusion à tout autre chose. Selon l'étymologie, le mot aventure vient du mot latin « adventura » qui signifie le fait de prendre le risque dans une affaire avec l'espoir de réussir alors que toutes les données disent ou prédisent le contraire.

Le mot aventure est donc attaché à la prise de risque, à l'exploration, à la tentative sans certitude, à la péripétie, et bien plus. Celui qui ainsi va à l'aventure est qualifié d'aventurier c'est-à-dire celui qui tente l'improbable poussé par une conviction. L'aventurier au sens vrai est celui qui brave les limites et ses limites pour atteindre son but.

Néanmoins, dans la vie de tous les jours, le terme aventurier est abusivement associé à tout individu qui fait des choses sans réfléchir et qui arrive à des résultats non positifs. Aventurier dans certaines cultures est aussi considéré comme une insulte décrivant une personne dans les actions sont dépourvues de sens et de cohérences. Mais dans le cadre de notre travail, le terme aventure est et sera employé dans son sens original et premier.

La bonne aventure

David qui devint roi est un modèle de bonne aventure. Son aventure était basée sur des principes d'honnêteté, de droiture et le courage. Il alla défier Goliath, le champion des philistins qui humiliait l'armée de Dieu depuis plusieurs semaines. La bonne aventure est bâtie sur une expérience personnelle des risques antérieures à petite échelle. Tous ceux qui tente des grandes choses et profitent des opportunités pour faire valoir au monde ce qu'il valle, sont des personnes qui travaillent beaucoup en privée ou en cachette.

Dans leur anonymat, ils se sont exercés et ont tenté plusieurs simulations pour que le jour où l'opportunité se présentera, qu'ils sachent sauter sur cela et surprendre le monde. David avait vu dans Goliath une belle opportunité pour s'exposer au monde et démontrer ce qu'il était en vrai. Le combat contre Goliath le géant, qui effrayait tout Israël, était la voie par laquelle le jeune Berger allait enseigner la notion de courage à tous les fils d'Israël.

« Saül dit à David : Tu ne peux pas aller te battre avec ce Philistin, car tu es un enfant, et il est un homme de guerre dès sa jeunesse. David dit à Saül : Ton serviteur faisait paître les brebis de son père. Et quand un lion ou un ours venait en enlever une du troupeau, je courais après lui, je le frappais, et j'arrachais la brebis de sa gueule S'il se dressait contre moi, je le saisissais par la gorge, je le frappais, et je le tuais. » 1 Samuel 17 : 33-35

Saul ignorait que ce jeune homme était déjà préparé en cachette à ce genre de situation. De sa relégation pour gérer les brebis de son père, ce dernier travaillait seul et dans le secret total, attendant ainsi le jour-j, contrairement à ses frères qui en dépit d'être dans l'armée et au front, n'étaient nullement préparés pour ce genre de défis. Ainsi, le maitre mot d'une bonne aventure demeure la

Préparation. C'est-à-dire la mise personnelle dans des situations qui pourraient arriver afin de développer les réflexes, le mental et les techniques de combat. La réussite n'a jamais été un fruit du hasard en dépit de l'existence de la grâce de Dieu. Le succès ne jaillit avec éclat que dans la mesure où notre préparation, même minimale, croise le chemin du défi ou de l'opportunité.

« *Eliab, son frère aîné, qui l'avait entendu parler à ces hommes, fut enflammé de colère contre David. Et il dit : Pourquoi es-tu descendu, et à qui as-tu laissé ce peu de brebis dans le désert ? Je connais ton orgueil et la malice de ton cœur.* » *1 Samuel 17 : 28-29*

Ceux qui osent sont souvent traités d'orgueilleux et de prétentieux par ceux qui ignorent tout de leurs passés et disciplines en privé. Ce fut le cas de David face ses frères qui pensaient connaitre sans doute leur jeune frère alors qu'ils ignoraient tout de lui. Les opportunités se présenteront toujours dans la vie et ainsi devant tout le monde. Mais notre réceptivité et notre réactivité dépendront non, de notre vouloir mais plutôt de notre personnalité, sensibilité et flexibilité intérieure avant tout. Ces dernières sont le fruit de toutes les choses que nous avons endurées et accomplies dans un passé immédiat ou lointain.

On peut être très public et avoir beaucoup d'opportunités mais si "le secret" de la personne n'est pas solide, il laissera passer la majorité d'occasions car il sera incapable d'en tirer profit. Dans une autre mesure, il tentera des choses qui produiront des maigres résultats en dépit de la grandeur de l'opportunité. Mais celui qui a un secret rempli de préparation, il est clair que les rares occasions de s'exprimer qui se présenteront devant lui par la grâce de Dieu seront suffisantes pour lui permettre de faire des exploits mieux que quiconque.

La fausse aventure

La fausse aventure est la mauvaise manière de procéder pour arriver un but donné. C'est également le fait de vouloir profiter d'une grâce sans passer par les voies honnêtes, droites et clairement définies par le Seigneur.

C'est le fait d'usurper une identité afin de tirer profit d'une chose que nous ne pouvons pas recevoir à cause de notre méchanceté ou parce qu'on ne veut payer son prix réel. C'est enfin le fait d'utiliser les moyens autre que ceux de Dieu pour arriver à la grandeur.

Le premier cas d'une fausse aventure dans l'histoire de l'Église fut celui d'Ananias et de son épouse Saphira qui ont usé de mensonge et tromperie afin d'attirer le regard et susciter l'admiration des apôtres pour espérer recevoir à bien des égards les honneurs au milieu d'un peuple qui vivait dans la simplicité, l'unité, la sincérité et la communion. Leur fausse offrande fut certainement faite dans l'intention d'obtenir des apôtres de l'estime et bénéficier d'eux une position quelconque parmi les saints de Dieu.

« ...Ananias, avec Saphira sa femme, vendit une propriété, et retint une partie du prix... puis il apporta le reste, et le déposa aux pieds des apôtres. Pierre lui dit : Ananias, pourquoi Satan a-t-il rempli ton cœur, au point que tu mentes au Saint-Esprit, et que tu aies retenu une partie du prix du champ? S'il n'eût pas été vendu, ne te restait-il pas? Et,

après qu'il a été vendu, le prix n'était-il pas à ta disposition? Comment as-tu pu mettre en ton cœur un pareil dessein? Ce n'est pas à des hommes que tu as menti, mais à Dieu. Ananias, entendant ces paroles, tomba, et expira. » Actes 5 : 1-5

« Il y avait auparavant dans la ville un homme nommé Simon, qui, se donnant pour un personnage important, exerçait ***la magie et provoquait l'étonnement du peuple de la Samarie****. Tous, depuis le plus petit jusqu'au plus grand, l'écoutaient attentivement, et disaient: Celui-ci est la puissance de Dieu, celle qui s'appelle la grande. Ils l'écoutaient attentivement, parce qu'****il les avait longtemps étonnés par ses actes de magie****. » Actes 8 : 9-*

Simon le magicien, lui aussi, avait accompli une fausse et mauvaise aventure en essayant d'acheter la puissance de l'Esprit de Dieu avec l'argent et cela dans le seul but de l'utiliser pour augmenter son commerce de manipulation et de séduction. Son blasphème fut puni. Il existe beaucoup de Simon le magicien aujourd'hui qui utilise les forces du mal pour se créer une notoriété. Ils sont nombreux dont la base de leur succès n'est que crimes, dévotion au diable et sacrifices sataniques de tout genre.

Cette histoire révèle aussi une vérité importante : Ne vous fiez pas aux apparences dont le soubassement peut être diabolique. Dans ma culture, il y a un adage qui dit : tu ne peux savoir l'état du toit d'une maison ne peut être connu que par ceux qui y passent la nuit. De l'extérieur, certaines personnes peuvent paraitre extraordinaires mais en réalité ils sont loin d'y être. Il a fallu que les apôtres viennent pour que la supercherie ou la fausse aventure de Simon dit le magicien soit démasquée et détruite.

Si les deux premiers exemples montrent une volonté claire de tromperie et de séduction, l'exemple suivant montre une réalité toute différente d'une fausse aventure celle d'une personne qui est dans le faux pensant être dans le bien : Saul de Tarse devenu Paul.

Saul de Tarse, un homme dont l'intelligence et la connaissance des livres saints n'est pas à démontrer, avait avant de naître de nouveau, mené une expédition zélée pour l'extermination des disciples du Seigneur

Jésus-Christ. Son cœur amère et l'orgueil de sa connaissance le poussèrent à pourchasser jusqu'à la mort plusieurs enfants de Dieu. Il pensait que son savoir humain des choses de Dieu dans le Judaïsme suffisait pour arriver à la vraie connaissance de Dieu. Il était bouleversé par la puissance du message et la certitude avec laquelle les disciples de Jésus proclamaient l'évangile.

Sa fausse aventure fut stoppée nette, après la mort d'Etienne le martyr. Il rencontra sur le chemin de Damas, le Puissant Sauveur dont il persécutait les serviteurs. Plus tard dans ses épitres, il déclara : *« Mais ces choses qui étaient pour moi des gains, je les ai regardées comme une perte, à cause de Christ. Et même je regarde toutes choses comme une perte, à cause de l'excellence de la connaissance de Jésus-Christ mon Seigneur, pour lequel j'ai renoncé à tout, et je les regarde comme de la boue, afin de gagner Christ. »* Philippiens 3 : 7-8

En revenant en arrière dans le récit biblique, nous verrons Saül le premier roi d'Israël qui après avoir été choisi par Dieu, régna sur son peuple jusqu'à ce qu'il se soit lancé dans une aventure qui le disqualifia. Il alla auprès d'un devin afin de déterminer le lendemain de son règne, alors qu'il était devenu roi sur base d'un oracle de l'Éternel proclamé par Samuel l'homme de Dieu. Le problème avec lui, ce qu'il avait voulu demeurer roi tout en abandonnant le Dieu qui était la source de son pouvoir.

Il est clair que nombreux tombent dans des fausses aventures quoiqu'étant de Dieu. Certains s'égarent définitivement comme le fils de la perdition, Judas Iscariote et d'autres par contre, retournent auprès du Seigneur, avouent leurs fautes, se repentent et demandent la miséricorde de Dieu pour leur relèvement. Ce fut le cas de David qui pleura pour ses péchés après avoir fait tuer Urie son soldant dont il convoitait la femme.

Nous devons garder à l'esprit que même si les hommes ne nous voient pas, le Maitre de l'univers, lui, sait tout. Nous pouvons être adulés par les hommes mais celui qui juge les cœurs et les reins, rendra à chacun selon ses œuvres. Nous devons par conséquent demeurer intègre dans notre marche, même si nous vivons des situations d'injustices et de dénigrements. Nous devons toujours nous rappeler : *« Le cœur est tortueux par-dessus tout, et il est méchant : Qui peut le connaître ? Moi, l'Éternel, j'éprouve le cœur, je sonde les reins, pour rendre à chacun selon ses voies, selon le fruit de ses œuvres.* » Jérémie 17 : 9-10

En voulant se venger d'un tort subi, nous tomberont dans la mauvaise aventure et offensant le Seigneur qui pourtant a établi des règles strictes et infaillibles qui régissent ce monde. Nous ne devons pas envier le méchant qui semble avancer dans ses œuvres mais nous devons nous souvenir que : *« Quoique nous parlions ainsi, bien-aimés, nous attendons, pour ce qui vous concerne, des choses meilleures et favorables au salut. Car Dieu n'est pas injuste, pour oublier votre travail et l'amour que vous avez montré pour son nom, ayant rendu et rendant encore des services aux saints. » Hébreux 6 : 9-10*

Chapitre 4.
LA FOI REVOLUTIONNAIRE

La révolution est un bouleversement brutal qui provient de l'esprit d'un homme qui a décidé de changer les choses dans le bon. Cette révolte intérieure d'une personne ou des masses criant leur ras-le-bol qui leur pousse à prendre des décisions radicales pour un changement radical.

La révolution a été à la base de plusieurs grands changements dans le monde qu'importe le domaine. Les vrais changements, ceux qui amènent des avancements réels et qui durent, sont révolutionnaires.

La révolution de la nouvelle naissance

La nouvelle naissance est l'action de devenir enfant de Dieu et son héritier. Elle se produit par la foi en l'œuvre salvatrice que Jésus-Christ a accompli à la croix de Golgotha, et accepte Jésus-Christ comme sauveur et Seigneur de sa vie. Elle est le produit d'une décision radicale que l'homme prend. Sans cette décision radicale, aucun salut n'est possible. On peut être en face d'un grand Dieu sauveur mais s'il n'y a pas de révolte intérieure, on passera à côté du salut de ce Dieu.

Nombreux sont ceux qui sont passés à côté de leur salut non par manque d'opportunités mais à cause de leur manque de courage et d'audace. L'un des voleurs, pendus avec Jésus sur la Croix avait posé un acte de courage à la mesure de sa situation et de l'opportunité qui lui était accordée alors que son ami refusa de la saisir par manque de foi suffisante. Le jeune homme riche ne fut pas capable de porter sa croix pour suivre Jésus par manque de foi révolutionnaire.

Cette foi est nécessaire pour braver la peur, l'orgueil, la honte des hommes et l'incertitude de l'avenir que la chair peut mettre devant soi. Une personne m'a raconté la peur qu'il avait de perdre les avantages matériels que sa vie lui rapporte. Il disait : *« Je sais que donner ma vie à Jésus est la chose que je dois faire mais comment je ferai pour vivre si je dois abandonner mon style de vie ? Je ne sais rien faire d'autres. »*

« Quiconque met la main à la charrue, et regarde en arrière, n'est pas propre au royaume de Dieu. » Luc 9 : 62

Non seulement que le salut en Christ nécessite ce courage interne mais aussi les fruits de cette action sont et devront révéler ce changement qui s'est opéré en la personne. La vie d'une personne avant de rencontrer Christ et sa vie après cette rencontre doivent attester une réelle transformation intérieure qui révèle la décision prise de renouer avec son créateur, et de vivre désormais en nouveauté de vie.

« Si quelqu'un est en Christ, il est une nouvelle créature. Les choses anciennes sont passées ; voici, toutes choses sont devenues nouvelles. » 2 Corinthiens 5 : 17

La page de l'ancienne vie doit passer, les choses du passé doivent être révolu. Une nouvelle et belle histoire doit commencer, celle d'une personne lavée et transformée par le sang de l'Agneau de Dieu. Sa marche doit dorénavant être comme celle de son Maître, le Seigneur de Gloire, Jésus, qui a en son temps révolutionnée la vie, en y prêchant l'amour à la place de la haine et de la vengeance, accordant ainsi le pardon des péchés à ceux qui étaient condamnés.

Pas de foi audacieuse, pas de miracle!

Tout s'obtient par une foi agissante et fervente même si la grâce et la volonté de Dieu prévaut. Sans une action concrète qui démontre le désir ardent qui brule en nous, rien de positif ne peut engendrer de nous et pour nous. Jésus-Christ notre Seigneur nous a enseigné ce principe à de nombreuses reprises.

« Mais elle vint se prosterner devant lui, disant : Seigneur, secours-moi ! Il répondit : Il n'est pas bien de prendre le pain des enfants, et de le jeter aux petits chiens. Oui, Seigneur, dit-elle, mais les petits chiens mangent les miettes qui tombent de la table de leurs maîtres. Alors Jésus lui dit : Femme, ta foi est grande ; qu'il te soit fait comme tu veux. Et, à l'heure même, sa fille fut guérie. » Matthieu 15 : 25-28

Le maitre ignora cette femme cananéenne en détresse qui lui demandait de l'aide pour la guérison de sa fille. Quelles que soient les raisons évoquées par Jésus pour lui refuser son aide, cette femme battante demeura ferme dans sa requête jusqu'à ce qu'elle ait obtenu gain de cause. *Sa résistance face aux rejets* fit d'elle une héroïne aux yeux du Seigneur qui l'exauça parce que sa foi était grande et tenace même si elle n'y était pas éligible.

Cette leçon de vie démontre clairement que les grandes choses dans la vie ne viennent pas seulement par elles-mêmes, et qu'il faut parfois aller les chercher, surtout si l'on pense et croit que Dieu nous les a déjà avait déjà accordées. C'est pourquoi l'on constate que les vaillants ne gagnent pas toujours mais ceux qui savent exercer leur foi au bon moment et au bon endroit sont souvent ceux qui deviennent des vaillants sans les avoir été au préalable.

« Ta foi t'a sauvé » est ainsi la merveilleuse phrase de Jésus qu'il déclarait à chaque fois qu'il faisait la rencontre d'un héros de la foi. « Ta foi t'a guéri » sortait de sa bouche à chaque fois qu'un homme malade faisait preuve de génie dans la foi. « Qu'il te soit fait selon ta foi » est cette autre déclaration de puissance que le Messie libérait sur celui ou celle qui honorait sa position de Seigneur. Ces phrases presque simples, ordinaires, pour ne pas dire banales, transformaient l'existence de ceux qui les recevaient.

Jésus était toujours dans la joie quand une personne venait à lui de manière sincère pour connecter sa foi à Sa toute-puissance. La gloire attachée à sa personne et à sa mission se déployait pour honorer son nom qui est au-dessus de tout nom, chaque fois qu'un homme le défier par la foi. Il ne se préoccupait pas de l'origine du demandeur mais était heureux que des hommes et des femmes dont certains étrangers à sa mission comprenaient et saisissaient mieux les choses que ceux ou celles pour qui il avait été envoyé premièrement.

Autant le Maitre était surpris par la foi extraordinaire d'un centenier romain pour qui il avait rendu témoignage dans Matthieu 8 :10 en ce termes : « Je vous le dis en vérité, même en Israël je n'ai pas trouvé une aussi grande foi. », autant il fut bouleversé par l'incrédulité de certains fils d'Israël, raison pour laquelle il leur priva certaines choses qui leur étaient pourtant premièrement destinées. Matthieu

13 : 58 déclare : *« Et il [Jésus] ne fit pas beaucoup de miracles dans ce lieu, à cause de leur incrédulité. »*

Le caractère des héros de Dieu

Jésus notre modèle et notre maitre a marché sur cette terre en héros, affrontant toutes les réalités du monde ainsi que les systèmes qui gouvernent l'humanité. Il fut un modèle de haute morale au milieu d'un monde en défaillance, qui jour après jour, avance vers son jugement. Il accordait le pardon à ceux qui ne le méritait pas en lieu et place de la condamnation et de la vengeance qu'enseignait la loi de Talion. Il fut l'ami des pauvres comme Lazare et ses sœurs.

Jésus ne jugeait pas les gens en fonction des autres. Il restait toujours objectif sans tenir compte des "on-dit".

« Alors s'étant relevé, et ne voyant plus que la femme, Jésus lui dit : Femme, où sont ceux qui t'accusaient ? Personne ne t'a-t-il condamnée ? Elle répondit : Non, Seigneur. Et Jésus lui dit : Je ne te condamne pas non plus : va, et ne pèche plus. » Jean 8 : 10-11

Notre Seigneur accorda à plusieurs une seconde chance sans les condamner, chance que certains ont mis à profit pour se relever de leur faiblesse et d'autres sont passés outre et ont connu le jugement. Marie-Magdala, par exemple, en fit l'expérience et devint une servante pieuse au service du royaume de Dieu. Et à son tour, Pierre qui l'avait renié s'était donné l'opportunité de faire la différence, et devint un instrument clé de l'action de Dieu pour le salut des nations en l'absence du Messie.

Jésus a agi avec courage et détermination face au sanhédrin et les pharisiens qui n'ont pas pu le vaincre en dehors de son heure même avec l'aide des romains. Il traversa les villes et les bourgades accomplissant avec puissance ce pour quoi il était sur la terre en dépit des difficultés et des obstacles. C'est parce qu'il était revêtu d'un esprit de force et de courage. Sans cela, après Gethsémané où il avait ressenti l'angoisse de la croix, il aurait pu se détourner de cette voie de souffrance qui l'attendait.

Au contraire, Il a conclu cette victoire en triomphant du diable définitivement à la croix et cela sans appel. Il certifia cette victoire, en ressuscitant le 3ème jour, se faisant voir auprès de ses siens et est maintenant à la droite du Père, régnant sur tout et sur tous.

Tout enfant de Dieu, scellé de son Esprit et marchant selon ses plans doit se vider de timidité pour un accomplir la volonté de Dieu sans crainte ni peur de qui que ce soit et de quoi que ce soit. Josué a eu besoin du courage pour faire entrer le peuple dans la terre promise après des combats malgré son assurance de victoire venant de Yaweh.

Avec la garantie que Jésus avait déjà vaincu le monde, les apôtres ont eu besoin de courage et de force venant de l'effusion de l'Esprit pour répandre l'évangile de leur maitre à Jérusalem, dans toute la Judée, dans la Samarie, et jusqu'aux extrémités de la terre. Cette force de caractère rendit chacun où il se trouvait, capable de présenter le Sauveur à ceux qui les écoutaient sans complexe, ni peur des emprisonnements, assassinats, décapitations et toute autre forme de persécutions.

La force de Dieu en eux les avait permis de

défier les limites de la douleur et avait boosté leur audace, leur conviction, et leur opiniâtreté. Ces héros de la foi, que Hébreux 11 n'a pas certainement pas pu tous citer, seront en son temps récompensés par leur Seigneur pour avoir persévérés avec courage et bravoure jusqu'à la fin.

En ce temps de la fin où la Bible prédit des temps très durs avec l'apparition régulière des calamités de tout genre, le chrétien doit avoir les nerfs solides afin de résister face à toute forme d'oppression et de pression avec l'aide du Seigneur. Il doit rester ferme, se confiant plus sur la parole du Seigneur que sur les réalités de ce monde.

Chapitre 5.
LA GÉNÉRATION DES AVORTONS

Le terme génération fait souvent allusion à un groupe de personnes qui a partagé ou vécu un certain nombre d'événements qui ont eu lieu durant une certaine période, créant en eux un souvenir commun. Une génération représente ainsi tous ceux qui sont nés durant une période donnée d'environ 20 ans. Ainsi, on peut ne pas avoir le même âge et être d'une même génération car ayant vécu la même période et les mêmes repères sociaux et temporels.

Dans Matthieu 24:34, Jésus de Nazareth fait allusion à ce terme en disant : « *cette génération ne passera point, que tout cela n'arrive.* » *c'est-à-dire* cette parole s'adresse à ceux qui sont devant moi et qui entendent ce message.

À chaque génération, une mission

Autant chaque individu vivant à une mission qui lui est propre, déterminé dans le temps et dans l'espace, autant ces individus regroupés en génération peuvent avoir une mission, mieux une responsabilité face à leur environnement immédiat et éloigné (la vision, la famille, l'église et la nation). Chaque peuple à travers l'histoire a toujours eu un travail à faire pour sa propre survie et son bonheur mais bien plus pour léguer un héritage aux prochaines générations.

Parmi les personnages bibliques ayant assumés leur destin de grandeur et de responsabilité, il y a Joseph, fils de Jacob, petit-fils d'Abraham. Joseph fut capable de transcender ses émotions et les peines de son passé d'esclave causés par ses frères. L'esprit de service avait pris le dessus sur l'esprit de vengeance qui l'aurait animé à cause des blessures intérieurs et avait usé de son influence auprès de Pharaon pour établir sa famille en sécurité à Goshen et de les mettre à l'abri de la famine et la sècheresse qui s'abattaient sur l'humanité.

« Ainsi a parlé ton fils Joseph: Dieu m'a établi seigneur de toute l'Égypte; descends vers moi, ne tarde pas! Tu habiteras dans le pays de Goshen, et tu seras près de moi, toi, tes fils, et les fils de tes fils, tes brebis et tes

bœufs, et tout ce qui est à toi. Là, je te nourrirai, car il y aura encore cinq années de famine; et ainsi tu ne périras point, toi, ta maison, et tout ce qui est à toi. » Genèse 45 : 9-11

Longtemps après la génération de Joseph et du Pharaon pour qui il travaillait, *« s'éleva sur l'Égypte un nouveau roi, qui n'avait point connu Joseph. Il dit à son peuple: Voilà les enfants d'Israël qui forment un peuple plus nombreux et plus puissant que nous. Allons! montrons-nous habiles à son égard; empêchons qu'il ne s'accroisse, et que, s'il survient une guerre, il ne se joigne à nos ennemis, pour nous combattre et sortir ensuite du pays. Et l'on établit sur lui des chefs de corvées, afin de l'accabler de travaux pénibles.»* Exode 1 : 8-11

Face à cette oppression grandissante, il s'éleva une autre génération d'israélites qui défia le pouvoir oppresseur d'Égypte qui les maintenait sous esclavage. Conduit par Moise, le peuple et ses frères se plièrent sous son leadership pour que la libération que Yaweh, le Dieu des juifs, leur avait promis vienne à se réaliser. Israël conscient du moment qu'il traversait, se leva comme un seul pour traverser la même rouge, et sortir du pays d'Égypte. Par la suite, Josué qui avait servi déjà sous le premier leader, accomplissant avec les filles et fils nés dans le désert leur marche victorieuse vers la terre de Canaan, lieu de leur établissement perpétuel.

La grandeur d'une nation ou une communauté durant une période difficile est perceptible par la détermination de sa génération active à agir de façon coordonnée, consciente afin de changer le cours des événements. Cette génération consciente ne passe pas le temps à blâmer leurs prédécesseurs pour les choses qu'ils n'ont pas été faites et qui ont produit cette situation mais se lève pour se prendre en charge sinon, leur présent sera sans forme et leur destin commun restera une utopie.

Chaque génération doit dans une relative opacité découvrir sa mission, la remplir ou la trahir. Frantz Fanon

Cette réalité est applicable dans toutes nations du monde sans distinction de races, et mon pays d'origine, la République Démocratique du Congo, ne fait pas exception. Les pères de l'indépendance dont les plus connus Joseph Kasa-Vubu, P.E. Lumumba, Tshombe, Bomboko, Adoula, pour ne citer qu'eux, avaient tant soi peu cerné la portée de leur combat pour l'indépendance en se présentant avec un même objectif à la table ronde de Bruxelles de 1960.

La seconde génération, contrairement à la première fut composée d'universitaire qui en malheureusement a détruit le pays par la mégestion, la gabegie et le manque de discipline dans l'action vers l'établissement d'un Congo fort et puissant. De Joseph Mobutu à Joseph Kabila, le pays a fortement reculé mettant les Congolais et congolaises dans une situation de pauvreté extrême qui a poussé nombreux de ses fils à l'exil à la recherche d'un mieux pour leurs familles.

Si la génération d'aujourd'hui quoiqu'étant dans une position de faiblesse ne prend pas au sérieux sa mission du relèvement de ce pays fortement riche, et demeure dans la naïveté et la légèreté, il est clair que le retour de Jésus nous trouvera sans que rien de bon ne naisse de nous.

Où sont passés les prodiges d'hier ?

« L'ange de l'Éternel lui apparut, et lui dit : L'Éternel est avec toi, vaillant héros ! Gédéon lui dit : Ah ! mon seigneur, si l'Éternel est avec nous, pourquoi toutes ces choses nous sont-elles arrivées ? Et où sont tous ces prodiges que nos pères nous racontent, quand ils disent : L'Éternel ne nous a-t-il pas fait monter hors d'Égypte ? Maintenant l'Éternel nous abandonne, et il nous livre entre les mains de Madian ! » Juges 6 : 12-13

Une génération qui veut changer son existence doit avoir une sagesse supérieure à celle de ces prédécesseurs. Ladite sagesse doit commencer par la connaissance réelle de son histoire afin de déterminer le standard sur lequel on est et celui qu'elle veut ou qu'il est nécessaire atteindre. Sans une maitrise des paramètres qui gouvernent sa famille, son église ou sa nation, aucune vision et aucune volonté ne pourront produire des résultats bienfaisants.

Malheureusement, à travers les âges on voit souvent l'histoire se répéter. Les générations se suivent et répètent les mêmes erreurs car bien souvent ceux qui viennent sont des avortons c'est-à-dire des personnes peu développées, peu formées et dont la croissance a subi un arrêt un moment donné mais qui se présentent au monde comme des leaders. Le formation ou développement n'est pas lié aux diplômes et à la connaissance seulement mais par la transformation de l'être intérieur qui détermine l'homme et qui peut produire des résultats différents.

Si l'on est le produit d'un système dégradant, il est clair que l'on porte en soi ses germes qui dans une certaine mesure attendront le bon moment pour se manifester. Ainsi, la connaissance de son histoire, celui de son peuple ainsi que de son groupe social permettra d'effectuer un travail important sur soi-même afin de se libérer de cette tare héritée et devenir la solution dans sa société qui se meurt.

La connaissance de son histoire se tient comme une boussole qui réveillera notre nostalgie attachée à la personne de gloire de nos pères et nous réveiller pour restaurer la gloire bannie. Mais si nous ne trouvons pas dans notre passé des éléments d'être fiers de nous et de nos parents, nous pouvons néanmoins stimuler notre volonté de devenir pionniers et bâtisseurs par la nécessité d'écrire une nouvelle histoire de gloire contraire au passé mitigé de nos aïeux.

À César ce qui est à César

« Alors il leur dit : Rendez donc à César ce qui est à César, et à Dieu ce qui est à Dieu. » Luc 20 : 25

Nul ne peut exceller dans n'importe quel domaine de la société, sans le respect de certaines règles fondamentales de la vie. Les lois, règles, principes sont fondamentaux et constituent un socle moral dans la société. Que l'on soit génie ou pas, nul ne peut pas se dérober de certaines règles morales notamment celle de la reconnaissance, du respect et de l'honneur dus à toute personne selon son rang et sa catégorie. Paul connaissant cela, intima l'ordre à Timothée de tout faire pour ne pas oublier que sa position de leader ne le dédouane pas du respect dû aux ainés (hommes comme femme), à ceux de sa génération et de celle qui suivra (1 Timothée 5 : 2).

La gloire d'un homme réside dans la grandeur de ses exploits mais aussi et surtout dans sa capacité à reconnaitre les bienfaits ou les œuvres positives des autres et surtout d'un prédécesseur. Cette reconnaissance, teintée d'aucune hypocrite, constitue une preuve suffisante de maturité qui attestera que l'on est à même de diriger un peuple. Cette norme sociétale comme pour tant d'autres hommes que nous ne citerons pas, devrait être scrupuleusement maintenue pour que le ciel, la terre ainsi que ceux qui y peuplent nous soient favorables dans notre marche. Cela est une loi divine.

Ainsi, nous devons malgré nos expertises et nos exploits présents, nous devons demeurer reconnaissants pour la plus petite chose positive qui nous aie été léguée au lieu de passer nos temps à critiquer sans aucune preuve fiable ni base solide les autres, leurs reprochant ce qu'ils n'auraient pas accomplis. Rendre à César ce qui lui est dû est une règle simple mais essentielle qui régisse une société qui veut aller de l'avant.

Les avortons passent leur temps à bafouer les souvenir de leurs aïeux comme pour justifier leur manque de résultats. En revanche, la grandeur des héros réside dans leur maturité et capacité à transcender, se taire et garder silence même quand la tentation de vilipender est forte. Car ils sont les seuls à comprendre les écueils et épreuves qui parsèment la route de l'élévation. L'humilité et la grâce de Dieu doivent nous animer de peur que nous ne finissions pire que ceux que nous critiquons.

« Et le roi d'Israël répondit : Que celui qui revêt une armure ne se glorifie pas comme celui qui la dépose ! » 1 Rois 20 : 11

Une nation faite des ingrats est appelée à mourir et aucune nation peut être forte tant qu'elle ignore ceux qui mouillaient leur maillot pour elle, tant qu'elle passe à l'oubli ses martyrs. C'est l'une des raisons pour laquelle j'aime les Etats-Unis d'Amérique en dépit de ses imperfections. Partout et en toute opportunité, on honore les vétérans de l'armée peu importe leurs âges. Jeune et vieux sont honorés et portés au pinacle. La nation tout entière tient pour règle : le respect de ceux qui avaient mis leurs vies entre parenthèse pour servir sous le drapeau. *Merci pour votre service* est la phrase de gratitude qu'on prononce pour les honorer.

Dans bien des choses, des avantages leur sont accordés en plus du profond respect dont ils bénéficient. C'est ainsi que nombreux ainsi que leurs familles sont fières d'indiquer qu'ils ont servi la nation et brandissent ou arborent fièrement, sous toutes les formes que possibles, drapelets, fanions, inscriptions sur les murs, vêtements, voitures, etc. l'emblème de leur pays et la preuve de leur passé pour la protection de leur nation.

La génération présente doit être consciente que nous ne formons qu'une seule est unique peuple et nation. Que nous soyons la génération du passé, du présent ou celle du futur. Ainsi, l'honneur avenir que nous recevrons des jeunes, scra le fruit de l'arbre appelé respect et honneur que nous aurions manifestés auprès des autres.

Chapitre 6.

LA FINITION, UNE VERTU

« Mais celui qui persévérera jusqu'à la fin sera sauvé. » Matthieu 24 : 13

« Mieux vaut la fin d'une chose que son commencement... » Ecclésiaste 7 : 4

Le Dieu des œuvres achevées

En parcourant la Bible, on se rend compte sans difficulté que Dieu ne commence rien sans avoir en lui l'idée d'achèvement. Il ne conçoit rien sans qu'au préalable il ait un plan précis pour arriver à son but. Dans le livre de la Genèse, on voit et réalise si bien que la beauté de ses œuvres journalières de création n'était pas un frein à la continuité de son action. Au contraire, plus il agissait, mieux son action était plus motivée à manifester et dévoiler sa totale finition ou son terminus. L'achèvement est donc une caractéristique de ce Dieu, qui s'est décrit lui-même dans Apocalypse 22 : 13 comme « *Je suis l'Alpha et l'Oméga* » c'est-à-dire le premier et le dernier, le commencement et la fin. En d'autres termes, de la même manière il est au début informé d'une chose, de la même manière il demeure quand tout sera achevé.

« Je veille sur ma parole, pour l'exécuter. » Jérémie 1 : 12

L'Éternel, le Dieu des cieux est le Dieu des œuvres achevées. Il ne dit rien sans être sûr de son accomplissement. Il ne fait rien sans avoir les moyens de l'amener à son achèvement. Tout ce que la Bible a déclaré dans les temps anciens ont fini par s'accomplir, tout ce qui a été dit pour notre temps se réalise les uns après les autres et à coup sûr nous verrons dans le futur l'accomplissement de plusieurs des prophéties bibliques. Il avait promis à Israël de lui donner en héritage la terre promise, il l'avait fini par le faire même si ce fut après 40 ans et avec un autre leader, Josué fils de Nun en remplacement de Moise le prophète, celui qui les avaient sortis du pays d'Égypte.

Le déluge vint plusieurs dizaines années après le début de la construction de l'arche par Noé alors que nombreux de ses congénères étaient dans le doute de l'arrivé d'un tel événement inimaginable. Les choses se passèrent comme il les avait annoncés. Dieu sauvant seulement huit personnes et une pléthore d'animaux. Il avait établi l'arc-en-ciel comme signe que le déluge ne se produira plus jamais qu'importe le degré du mal dans lequel l'homme sera.

Sa parole déclarée en avance sur les événements est une preuve de son assurance dans l'exécution parfaite de ses plans pour l'humanité et sur nous ses enfants. Dieu est saint et parfait ainsi toutes ses œuvres s'alignent et s'exécutent dans la perfection.

« Eh quoi ! si quelques-uns n'ont pas cru, leur incrédulité anéantira-t-elle la fidélité de Dieu ? Loin de là ! Que Dieu, au contraire, soit reconnu pour vrai, et tout homme pour menteur, selon qu'il est écrit : afin que tu sois trouvé juste dans tes paroles, et que tu triomphes lorsqu'on te juge. » Romains 3 : 3-4

S'assoir avant de se lancer

L'achèvement ou la finition heureuse devrait être le but ultime derrière tout projet. Pour y arriver, il faut donc s'assoir pour cerner les contours avant de lancer sur n'importe quel projet. Même si l'esprit d'aventure doit animer notre personne afin de tenter et de risquer là où nous estimons être nécessaire, cela n'exclut néanmoins pas que nous devons travailler pour calculer ou établir les risques potentiels qui nous attendent si nous prenons telle ou telle autre décision.

Nous sommes créés par Dieu non comme des tonneaux vides qui resonnent des sons après avoir subi n'importe quelle influence. Nous sommes, en revanche, dotés, par notre créateur, de la même nature que lui, celle d'un être pensant et réfléchi.

Notre personnalité et de notre volonté d'action doivent avoir pour assise ou fondement un esprit enclin aux questionnements et capacité d'anticipation. Nous devons par nous-même nous poser les bonnes questions, celles qui touchent les vrais problèmes auxquels nous sommes confrontés autour ou devant nous. Il faut savoir que les grands révolutionnaires sont souvent des grands concepteurs d'idées révolutionnaires c'est-à-dire qui transforment l'ordre des choses. S'assoir pour concevoir son plan d'action avec des options de secours au cas où la première option rencontrerait des difficultés est la manière dont les grands gagnants agissent.

« Car, lequel de vous, s'il veut bâtir une tour, ne s'assied d'abord pour calculer la dépense et voir s'il a de quoi la terminer... » Luc 14 : 28

Simple mais bien

Un homme de foi et d'audace doit être un homme simple, un homme pratique dans ses actions, accomplissant étape après étape quelque chose qui le fait avancer un tant soit peu vers son but, en dépit des réactions contraires rencontrées sur son parcours. Les grands hommes qui ont marqués l'histoire de l'humanité ont une caractéristique commune : l'action. Ils font, essayent, tentent et ne se préoccupent de rien d'autres sinon leur avancement.

Les bons parleurs ne sont pas forcément les bons faiseurs, et les grands faiseurs ne sont pas toujours des hommes avec un langage facile. Ceci devrait nous interpeller dans notre manière de juger les autres et de leur apporter notre considération. Si ce n'était que le verbe qui caractérisait la réussite dans la vie, certaines personnes seraient les plus riches au monde et certains pays devraient être en ce moment les plus développés au monde. Mais malheureusement, la vie nous démontre que l'action peut être silencieuse tout en étant extraordinaire.

Ceci nous fait penser à Moise, qui défia avec succès le monarque de la plus grande puissance économique, scientifique et militaire de son époque tout en parlant très peu, ou presque pas d'ailleurs. Cela ne l'empêcha nullement de produire des miracles inouïs. Même en bégayant, avec sa main levée il était capable de séparer la mère rouge en deux pour que tout un peuple passe.

Certains ont compris qu'il faut parfois savoir se taire dans la vie car le dévoilement permanent fige les choses, alors que le silence les fait couler et bouger. D'autres choses pour avancer, n'aiment pas qu'on parle d'elles, qu'on dise qu'elles vont s'accomplir. Elles apprécient le silence pour évoluer et surprendre.

« Que sais-tu faire ? » devrait être la question que nous devrions poser aux gens lors qu'ils viennent vers nous ou allons vers eux pour des services. Non pas que sais-tu dire? Nous devons nous préoccuper plus sur le talent de nos concitoyens plutôt que sur leur bon parler ou leur apparence.

Si nous voulons être des hommes d'exploits, nous devons être capables de prioriser l'action sous toutes ses formes. Nous devons être capable de passer de la parole à l'action sans attendre d'être dans les meilleurs conditions. L'action est la seule chose qui différencie ceux qui entrent dans l'histoire et ceux qui débitent des théories. Il est même démontré que les gens avec peu de qualification ou des diplômes sont dans certains cas mieux préparés à faire des grandes choses car ils appliquent les théories universitaires dans l'action sans forcément les connaitre et produisent des résultats tangibles.

L'esprit d'aventure qui est comme nous l'avons dit au début diffèrent de l'esprit de négligence et d'amateurisme, devrait nous guider pour produire des changements dans notre vie et dans celle de notre entourage.

Le peuple chinois qui, à ce jour, est devenu la référence dans la survie sur terre, se caractérise par sa capacité à répondre de manière la plus directe et la plus facile que possible à n'importe quel besoin ou préoccupation qui soit et à moindre frais. C'est pourquoi aujourd'hui, les nations du monde entier dépendent directement ou indirectement de ce pays de plus d'un milliard de personnes.

Finir en dépit des imprévus

La vie est remplie des situations inattendues qui dans certaines circonstances viennent perturber les plans que nous avons établis avec intelligence. Certains de ses imprévus peuvent venir de nous-mêmes car nous sommes des êtres imparfaits quoi qu'ayant un Dieu parfait, mais d'autres peuvent être en dehors de notre zone de contrôle. L'essentiel dans la marche d'un révolutionnaire n'étant pas les batailles en soi mais la victoire finale. Ce dernier doit avoir la force de toujours s'adapter aux changements qui s'opèrent dans sa vie et la vie.

« L'Éternel Dieu fit à Adam et à sa femme des habits de peau, et il les en revêtit... Et l'Éternel Dieu le chassa du jardin d'Eden, pour qu'il cultivât la terre, d'où il avait été pris. C'est ainsi qu'il chassa Adam ; et il mit à l'orient du jardin d'Eden les chérubins qui agitent une épée flamboyante, pour garder le chemin de l'arbre de vie. » Genèse 3 : 21, 23-24

Le texte ci-dessus nous apprend que même si au départ Elohim avait créé toute chose parfaite, une circonstance avait perturbé l'ordre de vie qu'il avait placée sur la terre. Ce Dieu révolutionnaire qui voulait les choses parfaites, s'est réajusté selon la réalité qui s'était présenté en face de lui. Malgré les réprimandes et les punitions qu'il avait soumis les hommes, il leur a fait un habit en peau d'animaux pour couvrir leur nudité en attendant la solution finale qui allait venir dans le futur nommé : le salut par Jésus-Christ.

La capacité d'adapter et de s'adapter est une grande preuve de sagesse et d'intelligence. Elle permet à la vision de continuer à avancer vers son succès total en dépit de revirement et des situations inattendues. C'est l'une des raisons pour laquelle nous apprécions tous le « Global Positioning System » GPS en sigle. Ce système de géolocalisation et de direction qu'on peut trouver dans nos téléphones et aider retrouver une adresse.

Il arrive, lorsqu'on utilise cette application, qu'on se perde ou se retrouve sur une route barrée, des embouteillages qui nous empêchent de continuer sur notre route initiale. De manière assez automatique, le GPS s'adaptera à la situation et nous proposera une route alternative qui nous permettra d'atteindre notre destination même si ce sera avec un décalage. Les vaillants hommes doivent être comme des GPS, et s'adapter aux temps et circonstances afin de garder le cap vers leur but car ceux qui manquent cette qualité finissent souvent soit par abandonner leur rêve soit par perdre beaucoup de temps et d'énergie en forçant le monde à être comme eux le souhaite.

Chapitre 7.

LES GRANDES REUSSITE DE L'HISTOIRE

« ...il fait lever son soleil sur les méchants et sur les bons, et il fait pleuvoir sur les justes et sur les injustes. » Matthieu 5 : 45

Il n'y a pas que la Bible qui nous enseigne sur les aventures qui ont fini de façon heureuse même si certains ont commencé difficilement. Ces enseignements de la vie et du monde qui nous entoure peuvent nous être utile même si nous sommes chrétiens, et la parole de Dieu dans 1 corinthiens 11 : 14 selon la version Darby dit : *« La nature même ne vous enseigne-t-elle pas que... »*

Les cas que nous citerons ci-dessous sont des exemples des personnes qui ont fait preuve de courage et ont pris des risques intelligents qui leur ont conduit à des résultats qui ont révolutionné leur propre vie et le cours de l'histoire. Même si le monde ne retient souvent que leur réussite, un extrait de leur parcours complexes nous permettra à chacun de tirer des leçons utiles.

1. Abraham Lincoln

Il fut le 16ième Président des Etats-Unis d'Amérique et fut élu en 1860 pour un mandat de 4 ans et réélu en 1864. Il fut un des grands présidents américains pour avoir dirigé le pays durant la période sombre de la guerre civile ayant coûté la vie à près de 600.000 américains. Il est celui qui avait mis fin à la souveraineté des états et plaça l'état fédéral au-dessus de tout, ce qui préserva l'unité du pays telle que nous l'apprécions aujourd'hui. Il est celui qui mis fin de manière officielle à l'esclave en signant l'acte de l'abolition de l'esclavagisme aux Etats-Unis le 22 septembre 1862.

Mais avant de postuler pour la présidentielle et produire ses résultats, Abraham Lincoln fut notamment connu pour ses multiples échecs dans les affaires et dans élections sénatoriales, au Congrès pour le poste de Speaker, et aurait raté la nomination au fauteuil de vice-président. Il a aussi connu plusieurs pertes d'êtres chers dont sa mère alors qu'il n'avait que 9 ans, un de ses fils ayant succombé d'une fièvre typhoïde deux ans après son investiture.

Il fut et demeure un grand exemple de courage et détermination pour la société américaine. En dépit de sa vie en dents de scie, il n'avait jamais baissé les bras et se relevait toujours de ses défaites sinon, il ne serait pas élu Président de la plus grande nation du monde et ne serait pas entré dans l'histoire comme il l'est aujourd'hui.

2. Jack Ma

Il est l'un des personnages les plus riches et les plus influents de 21ème siècle. En citant son nom, très peu de gens le reconnaitront mais parlant d'Alibaba son entreprise de vente sur internet, les gens comprendront qui il est. Son entreprise créée en 1999 à partir de rien, a fait de lui en deux décennies seulement, l'homme le plus riche de la Chine et un des 25 personnes les plus riches du monde avec une richesse évaluée à près de 41 milliards de dollars américain et ce chiffre ne fait que monter année après année.

Avant de bâtir son empire Alibaba, le grand

site de vente en ligne de Chine et un des plus grand au monde, la *Jack Ma* ne présageait pas ce succès planétaire tant l'échec, les refus et le rejet furent son partage quotidien. À titre exemplatif, il échoua 2 fois à son examen de fin d'études primaires, 3 fois celui du secondaire, et 3 fois au test d'admission à l'université, et l'Université Harvard l'a rejeté près de 20 fois.

Après l'obtention de son diplôme de licence, il a eu du mal à trouver du travail et a été rejeté par les entreprises près de 30 fois, même la chaine de restaurant américain *Kentucky Fried Chicken* n'avait pas voulu l'engager lorsqu'il était venu s'installer en Chine.

« N'abandonnez jamais. Aujourd'hui c'est dur, demain sera pire mais après demain le soleil sera à son zénith. » Jack Ma

« La chose la plus importance à avoir est la patience. » Jack Ma

Sa vie nous enseigne que des fois, les rejets sont essentiels pour nous faire avancer dans des voies nouvelles, susciter notre génie et réveiller le héros qui sommeille en nous. Elle nous révèle aussi qu'en nous rejetant, ce n'est pas nous en tant que personne que l'on rejeté mais c'est notre manque de succès et notre pauvreté que les gens fuient. Si notre condition de vie change, les mêmes qui nous rejettent aujourd'hui deviendront nos admirateurs à défaut de devenir des partenaires d'affaires.

Conclusion

VA AVEC LA FORCE QUE TU AS

Miracle comme à l'aventure est donc ce récit qui n'est qu'un résumé qui démontre que la réussite dans la vie ainsi que les événements heureux qui changent le cours de l'histoire de manière positive ne sont pas toujours le fruit de la facilité. Mais cela ne demande rien que du Courage. Nombreux de ceux qui font l'actualité à l'heure actuelle sont passés au travers du feu, marcher sur des épines et traversés des zones de turbulences. Plusieurs d'autres ont affronté des tempêtes sans précédent et des vibrants orages avant de devenir une référence, briller tel un diamant de grande valeur.

Il est donc impérieux pour chacun d'entre nous de ne pas attendre la permission de qui que ce soit pour se lancer dans la conquête de ce qu'il pense être bien pour sa vie tout en restant dans la norme et la modestie. Dieu étant le dispensateur de la grâce a déjà tout mis à notre disposition pour que nous puissions faire des exploits avec lui. Il nous revient donc la responsabilité de défier les paradoxes, et nos limites pour atteindre notre excellence.

Il ne faut jamais cesser de rêver. Et il faut toujours rêver aussi plus grand que possible. Chacun de nous a le droit et le devoir d'être ambitieux. Est-ce de l'orgueil? Non. Dieu a mis dans chacun de nous un standard à atteindre afin lui être agréable en accomplissant sa volonté sur la terre. Il faut donc se libérer de la peur afin de courir vers l'idéal personnel en osant braver les limites. Ainsi, comme à l'aventure, le miracle se produira.

Paroles fortes

1. Il faut toujours viser la lune, car même en cas d'échec, on atterrit dans les étoiles. (Oscar Wilde)
2. J'ai appris que le courage n'est pas l'absence de peur, mais la capacité de la vaincre. (Nelson Mandela)
3. Le courage est une résolution intérieure d'aller de l'avant malgré les obstacles ; La lâcheté est un abandon soumis aux circonstances. (Martin Luther King, Jr.)
4. Le courage est contagieux. Il suffit qu'un homme en fasse montre pour que d'autres relèvent la tête. (Billy Graham)
5. Le secret du changement, c'est de concentrer toute son énergie non pas à lutter contre le passé, mais à construire l'avenir. (Socrate)
6. Les seules limites de nos réalisations de demain, ce sont nos doutes et nos hésitations d'aujourd'hui. (Eleanor Roosevelt)

7. La porte du changement ne peut s'ouvrir que de l'intérieur (Jacques Salomé)
8. On a deux vies. La deuxième commence le jour où on réalise qu'on en a seulement une ! (Confucius)
9. Si vous n'échouez pas de temps à autre, c'est signe que vous ne faites rien de motivant (Woody Allen)
10. Sois le changement que tu veux voir dans le monde (Gandhi)

Made in the USA
Columbia, SC
02 September 2024

41511037R00052